DISCOURS

PRONONCÉ

Par M. Ferdinand BUISSON

Député de la Seine

Président de la Ligue de l'Enseignement

A la Séance de clôture

DU

XXIIe CONGRÈS DE LA LIGUE, A LYON

Le 28 Septembre 1902

DISCOURS

De M. Ferdinand BUISSON

Président de la Ligue de l'Enseignement

⎯⎯⎯✦▶◀✦⎯⎯⎯

Monsieur le Sous-secrétaire d'Etat,
Monsieur le maire,
Mesdames, Messieurs,

Après le rapport que vous venez d'entendre et d'applaudir comme il le méritait — car il a fallu, pour faire tenir tant de choses en quelques pages un merveilleux don de sobriété dans l'exactitude et de précision dans l'impartialité — après ce rapport, j'ai hâte de laisser la parole au Membre du Gouvernement qui va nous faire l'honneur de la prendre. Et cependant vous ne me permettriez pas de m'abstenir après la lecture de résolutions aussi importantes. Vous attendez de ma part, au nom du Conseil Général de la Ligue, quelques déclarations non pas sans doute sur toutes les parties de l'œuvre du Congrès — et elle est considérable, vous avez pu en juger par ce magistral résumé — mais sur le dernier point auquel le rapporteur général a justement et naturellement assigné dans son compte rendu la place capitale qu'il avait tenue dans nos travaux.

Vous avez remarqué, Mesdames et Messieurs, que le vœu relatif à l'abrogation de la loi Falloux et au régime qui doit y être substitué, que ce vœu, dis-je, vous est présenté au nom de l'unanimité absolue des membres du Congrès, comme il a été adopté à l'unanimité absolue de la première Commission d'abord, et ensuite à l'Assemblée plénière d'hier.

Cette unanimité, comment avons-nous fait pour l'obtenir ? C'est que nous ne l'avons pas cherchée.

Nous n'avons rien fait pour y arriver, ni sacrifice d'idées, ni compromission de textes, ni concession sur les principes, ni diplomatie entre les personnes ou entre les groupes (*applaudissements*).

Nous y sommes arrivés hier, parce que avant-hier, nous n'y pensions pas. Une seule règle avait été posée : chacun dira tout haut toute sa pensée. Ainsi fut fait, et il sembla d'abord qu'il allait en résulter les plus étonnantes diversités d'opinion. Nous les acceptions sans frémir, prêts à vous les rapporter fidèlement. Car à nos yeux ce qui importe dans le monde de la pensée, ce n'est pas l'unité, c'est la sincérité.

Seulement, quand on a ainsi procédé et qu'à travers de longues discussions on aboutit à l'unité par la sincérité, il est bien permis d'éprouver un mouvement de joie comme celui de l'assemblée d'hier qui à la lecture du texte constatant l'accord, s'est levée tout entière pour le voter d'acclamation.

L'accord est un résultat qui vaut juste ce que vaut la méthode employée pour l'atteindre.

Dans cette question de l'éducation publique, comme dans toutes les questions d'ordre social, il y a deux manières de procéder.

La première et la plus facile consiste à tout réduire à quelques mots simples qui s'opposent exactement, à les heurter l'un contre l'autre comme s'ils représentaient deux principes, à se déclarer pour celui-ci contre celui-là, ce qui semble toujours très clair, ce qui prête à de beaux mouvements oratoires et à un dramatique cliquetis de formules trop sonores pour ne pas être creuses (*applaudissements*).

C'est la vieille méthode, la méthode verbale, scolastique, quelques-uns disent « métaphysique », celle qui nous a tant de fois séduits en France, car elle nous a passionnés pour des mots certainement très beaux et très grands, mais qui ont un tort, c'est de n'embrasser jamais la réalité vivante tout entière (*applaudissements*).

Il y a une autre méthode : et c'est celle-là que nous avons adoptée. Laissant à d'autres la prétention à l'absolu, au dogme, à la vérité infaillible, nous no s sommes dit : Dans une assemblée comme la nôtre, composée d'hommes et de femmes appartenant à l'instruction, soit comme professionnels, soit comme volontaires, ainsi que le disait M. Bordier, dans une pareille réunion il est impossible qu'on s'en tienne à ces discussions abstraites et spéculatives et qu'on se grise de cette logique formelle qui s'évertue à opposer l'un à l'autre par exemple le droit de l'individu et le droit de l'État, la liberté individuelle et la souveraineté collective et autres antithèses célèbres. Non, les hommes d'éducation veulent aller droit au fait, et la première observation qu'ils font, c'est que le fait est complexe, très complexe.

Quelle est la réalité ? Dans la réalité humaine, telle que la civilisation l'a faite, que trouvons-nous ? Les parents, puis l'enfant et autour d'eux la société civilisée dont ils font partie, cité ou nation. Nous aurons beau isoler dans notre pensée l'un de ces trois termes, nous ne pouvons pas faire qu'ils n'existent pas tous les trois, nous ne pouvons nous dissimuler que ces trois termes inégaux et divers, ont leur valeur et leur légitimité (*applaudissements*).

M. Bordier dans son rapport, vous faisait, disait-il, l'aveu que deux courants s'étaient dessinés dans la commission. Est-ce bien un aveu ? N'est-ce pas tout simplement l'expression et la caractéristique naturelle des travaux de toute assemblée républicaine, sérieuse, qui aborde en toute franchise un point quelconque des problèmes humains et sociaux ? Nous le savons bien d'avance, qu'entre des esprits également de bonne foi il s'accuse toujours deux tendances opposées, parce que toute vérité humaine a deux pôles, parce que l'humanité ne se meut pas dans l'absolu, mais dans le relatif et que, parmi les faces diverses du relatif, chaque esprit choisit celle qui l'attire, celle qu'il comprend le mieux, celle qui lui apparaît comme la plus lumineuse. Il n'y a que les fanatiques, ceux que terrorise la peur de « perdre la foi », qui se condamnent éternellement à ne voir qu'un côté des choses. (*vifs applaudissements*).

Il y avait donc parmi nous — aveu, si c'en est un, tout à l'honneur de l'assemblée — des hommes qui étaient surtout préoccupés du fait naturel, qui voyaient avant tout la famille.

Voilà l'enfant, disaient-ils, que va-t-il devenir si le père, et la mère ne sont pas là pour l'élever ? Ils lui ont donné la vie, mais pendant de longues années ils continuent à la lui donner jour après jour. Il ne grandira, il ne deviendra un homme qu'à la condition que ses parents aient ainsi versé en lui le meilleur d'eux-mêmes, de leur cœur, de leur esprit, de leur intelligence, de leur amour. Quelle doit donc être la première de toutes les lois pour le développement de l'humanité, sinon de mettre au-dessus de toute atteinte ce droit et ce devoir des parents ?

D'autres étaient plus préoccupés de la face contraire du même problème, et ils disaient : ce petit enfant, — c'est toujours autour d'un berceau que s'agite cette bataille ardente — ce petit enfant qui vous semble une pauvre petite créature vagissante n'existant qu'autant que ses parents voudront bien s'occuper de lui, détrompez-vous, il n'est pas dans la famille une sorte de quantité négligeable ; cet être fragile est précisément la fin et la raison d'être de la famille elle-même, il y représente le plus grand des devoirs pour les parents, le plus grand des intérêts et le plus précieux des trésors pour la société ; cet enfant a des droits, cet enfant qui n'est rien aujourd'hui c'est l'homme de demain, et l'humanité présente a des comptes à rendre à l'humanité future.

Par conséquent, vous ne pouvez pas vous permettre d'abandonner le sort de cet enfant à la seule tendresse des parents, à leur seule sollicitude. Vous êtes obligés, si vous appartenez à une société civilisée, de maintenir le droit de l'enfant autant que le droit des parents et même beaucoup plus (*applaudissements*).

Car, ainsi que le disait déjà Victor-Hugo en 1850, « ne nous y trompons pas, le droit de l'enfant est plus sacré que le droit des parents. » (*vifs applaudissements*).

Et ainsi les défenseurs de cette thèse concluaient tout naturellement que, l'enfant n'étant pas capable de défendre lui-même son droit, il fallait bien armer la société pour prendre sa défense, puisqu'elle est chargée, non pas de remplacer les parents, mais de veiller à ce qu'ils remplissent leur devoir.

C'est de cette façon que se sont formées les deux opinions adverses.

Ainsi formé, chacun des deux groupes a travaillé en toute liberté, en toute franchise, chacun des deux a pu exprimer sa pensée tout entière sans en rien retrancher, sans en rien dissimuler, sans en rien atténuer.

Nous nous sommes dit : républicains, éducateurs, hommes de sincérité, si nous ne nous entendons pas, nous viendrons devant l'Assemblée générale, apportant tout simplement les deux opinions entre lesquelles nos groupes se partagent. Et c'est parce que nous avions cette liberté d'esprit, que, ne craignant pas d'y voir clair, nous avons écarté les mots de combat pour nous efforcer de descendre au fond même de la réalité, pour l'envisager à la lumière de l'expérience et de la réflexion.

Y avait-il réellement entre nous la divergence de deux principes et l'irréductible opposition de deux points de vue incompatibles ?

Telle était la question que nous nous sommes posée de sang-froid, également prêts, je le répète, à la résoudre par oui ou par non. Or, à la suite de longues délibérations, de nombreux entretiens, d'échanges de vues très vifs et très francs, il s'est trouvé que nous avons fait cette découverte dont en somme nous avons — j'espère que M. le maire ne me désapprouvera pas — dont nous avons tous été très heureux, à savoir que ceux qui parlaient avec le plus d'énergie du droit de l'Etat et de l'autorité qui lui appartient pour défendre le droit de l'enfant que ceux-là n'étaient pas moins que nous attachés à l'idée fondamentale de la démocratie, c'est-à-dire au respect de la personne humaine et de sa dignité. (*Applaudissements.*)

Nous nous sommes aperçus que ceux qu'on appelle quelquefois — nous ne voulons pas reculer devant un mot dont on fait usage et dont ils se font un honneur — des Jacobins, que ceux-là tout autant que les autres tiennent à affirmer que la société démocratique et républicaine du présent et de l'avenir est fondée sur le respect de la personne humaine et sur l'inviolabilité des droits naturels de l'individu. (*Applaudissements.*)

Et quand nous eûmes ensemble écrit les considérants qui forment le commencement de notre déclaration, il s'est trouvé que déjà un premier nuage était dissipé. Alors, ceux qui avait sans peine obtenu satisfaction par cette pleine reconnaissance du droit de la personne humaine dans le père et la mère de famille, n'ont eu à leur tour aucune objection à faire, quand, de l'autre part on leur a dit : la liberté de la personne humaine n'est pas seulement respectable dans l'adulte, elle l'est, s'il se peut, davantage encore dans l'enfant qui y a deux fois droit, parce qu'il est une personne et une personne incapable de se défendre elle-même. (*Applaudissements.*)

Il ne peut se protéger lui-même. Il faut donc que l'État soit investi des pouvoirs nécessaires pour empêcher que la liberté de l'enfant soit confisquée, mutilée, et de manière ou d'autre, atteinte à ce point que la société humaine de l'avenir, qui aura besoin d'hommes libres, n'en trouvera pas. (*Nouveaux applaudissements.*)

Et à cette seconde face de la vérité, comme à la première nous avons donné notre assentiment unanime.

Ainsi, d'une part nous avions bien reconnu comme intangibles des principes fondamentaux d'une société démocratique que nos pères ont écrits dans la Déclaration des Droits de l'homme ; d'autre part nous avions reconnu aussi qu'il est impossible de concevoir dans une République et dans une démocratie, une autre souveraineté que la souveraineté nationale, une autre responsabilité collective et définitive que la responsabilité du pays qui doit se gouverner lui-même. (*Applaudissements.*)

Dès lors nous étions bien près de nous entendre, grâce aux concessions que nous venions de faire non pas les uns aux autres, mais les uns et les autres à la réalité attentivement observée.

Cette question de méthode résolue, et c'est la seule qui nous ait longtemps retenus, nous n'avons eu ni le temps, ni le désir d'élaborer un texte de projet de loi dérivant des principes que nous venions de proclamer. Nous ne vous présentons rien de semblable, que ce soit bien entendu : nous avons voulu nous borner à indiquer une orientation générale de la future législation scolaire; nous l'exprimons dans le vœu qui vous a été lu et que nous croyons à la fois clair et significatif.

Vous remarquerez que nous n'y parlons pas de ce droit naturel et élémentaire qui est dans la force des choses, j'entends celui qui s'exerce dans l'intérieur de la famille. Hors le droit d'imposer un minimum d'instruction obligatoire, l'État n'a rien à prescrire *intra privatos parietes*; nous n'avons jamais songé, quoique l'on affecte de nous le reprocher, à interposer l'État entre les parents et l'enfant au foyer domestique. Mais l'enfant instruit en entier à la maison sous la seule autorité de ses parents, c'est un cas devenu chez nous très exceptionnel. Or, un nouvel ordre de choses beaucoup plus complexe commence quand, au lieu de l'enfant dans la famille, nous avons à envisager des groupes considérables d'enfant réunis au dehors sous l'autorité de personnes étrangères pour recevoir collectivement l'enseignement.

Il en est, Messieurs, de l'instruction un peu comme de l'industrie. L'une et l'autre a changé de méthodes, l'une et l'autre a dû passer de la forme individuelle à la forme collective. Le travail humain ne se fait plus par des ouvriers isolés travaillant chacun chez soi, il les groupe en ateliers. Ainsi fait l'école pour les enfants, au grand profit de l'enseignement qui, étant collectif, peut employer des moyens, faire jouer des ressorts et obtenir des résultats inconnus à l'enseignement familial.

Eh bien, cette organisation collective de l'enseignement, avions-nous le droit de la laisser à la discrétion des parents sans garantie, sans contrôle, sans surveillance, sans responsabilité pour l'Etat? Aucun de nous ne l'a pensé, nous sommes tous d'accord pour juger l'Etat responsable dans une certaine mesure de ce que chaque génération fera de ses enfants. Nous ne considérons pas la société comme composée uniquement des vivants d'aujourd'hui, elle relie en une chaîne vivante la série des générations qui se passent de mains en mains, comme disait le poète, le flambeau de la vie.

En quel sens la société présente a-t-elle donc charge d'âmes? Lui appartient-il d'imprimer son sceau à la jeunesse? Non, certes, mais bien d'empêcher qui que ce soit de lui imprimer le sien; elle veille simplement à ce que l'adulte n'abuse pas de son pouvoir sur l'enfant pour produire chez celui-ci, par une pression illégitime, un arrêt artificiel du développement normal de l'être humain.

De là et jusque là seulement le droit de l'Etat en matière scolaire.

Il doit d'abord garantir aux enfants, c'est-à-dire aux citoyens de demain, la certitude de recevoir un minimum d'instruction. C'est la première de nos « lois scélérates », et vous vous rappelez peut-être encore la bruyante opposition qu'on leur faisait, il y a vingt ans, au nom de la fameuse liberté des pères de famille, cet euphémisme décent de la liberté de l'ignorance.

Aujourd'hui, on n'en parle plus. Au contraire, on affecte de dire : « elles sont excellentes, ces lois scolaires. Vous les avez, que voulez-vous de plus? Tenez-vous en-là. » Le malheur, c'est que la démocratie, elle, n'est pas de cet avis : elle ne veut pas s'en tenir là.

Elle entend — et notre vœu le rappelle — que le devoir de l'Etat va plus loin.

D'abord, il faudra bien qu'il arrive à mettre à la portée de tous les enfants, sans exception, un système d'instruction — nous n'avons pas mis le mot intégrale pour ne pas faire naître d'inutiles querelles — mais d'instruction indéfiniment extensible, gratuite à tous les degrés, assurant, par conséquent, l'égalité des enfants devant l'instruction. (*Marques d'assentiment.*)

Nous prétendons que c'est un reste de barbarie qu'aujourd'hui on puisse dire, car c'est la vérité : « vous voyez bien cet enfant, il est capable et désireux d'apprendre, il est en mesure d'acquérir un développement intellectuel qui fera de lui une des gloires ou une des forces du pays. Oui, mais il ne peut pas y prétendre, parce que ses parents n'ont pas de fortune. »

Nous estimons que c'est là un trait de civilisation inférieure, et qu'en République c'est le droit et le devoir de l'État, d'organiser un enseignement public accessible à tous, non pas en raison de la fortune des parents, mais en raison de la capacité de l'enfant et de l'intérêt social. (*Bravos*).

Cela dit — et vous me pardonnerez, Monsieur le sous-secrétaire d'État, de vous rendre compte jusqu'au bout de nos conclusions — nous avons été encore un peu plus loin.

Quand l'État a pris ces deux précautions, quand d'une part il a rendu l'instruction primaire obligatoire, — en supposant qu'il tienne la main à ce que l'obligation s'applique autrement que sur le papier (*Sourires*) — et d'autre part brisé les entraves artificielles qui limitent le développement de l'enfant pauvre, a-t-il achevé sa tâche, épuisé son pouvoir ? Nous avons été unanimes à répondre non.

Si des particuliers, si des associations quelconques se présentent et prétendent organiser des établissements d'enseignement collectif pour la jeunesse française, à qui appartient-il de décider si oui ou non cela peut se faire, si cette fondation existera ou n'existera pas ? Nous avons répondu à l'unanimité que la décision appartiendrait à l'État. (*Très bien, ! très bien* !). Et voici pourquoi. Vous connaissez tous et nous savons par expérience, nous le savons par l'expérience d'un peuple voisin pour lequel nous avons beaucoup de sympathie et dont le sort depuis un certain nombre d'années n'est pas sans nous faire faire de très sérieuses réflexions, nous voyons par l'expérience de la Belgique où l'on va q nd on hésite à reconnaître et à proclamer, comme nous le procla...ons, le droit exclusif de l'État, le droit souverain de l'État en des matières comme celles que nous examinons en ce moment.

La législation que la loi Falloux a essayé d'implanter définitivement en France et que le cléricalisme a réussi à faire triompher chez nos voisins se présente sous une apparence extrêmement simple dont nous ne voulons pas être dupes et dont il faut habituer le pays à ne pas se laisser duper.

La prétention est celle-ci : quoi de plus simple, nous demandons l'égalité devant la loi. Vous voulez avoir un jury ? eh bien, vous aurez un jury mixte, moitié ecclésiastique et moitié laïque. Vous voulez avoir un conseil de l'enseignement ? Quoi de plus simple, vous y mettrez des évêques et puis des représentants de l'autorité civile. Vous voulez avoir des écoles ? eh bien, dans les écoles vous mettrez sur le pied d'égalité les laïques et les congréganistes.

De la sorte, par un parallélisme touchant, par une espèce de symétrie analogue à cette symétrie des fausses fenêtres dont certains architectes abusent, on donne satisfaction à tout le monde. (*Applaudissements*).

Eh bien, nous ne voulons pas de ce système, nous prétendons que c'est là que se trace nettement la ligne de démarcation entre ceux qui sont républicains du bout des lèvres et ceux qui le sont pour tout de bon. (*Nouveaux applaudissements*).

Les véritables républicains acceptent toute la Déclaration des droits de l'homme et de même qu'ils souscrivent à la liberté individuelle avec toutes ses conséquences et à l'égalité des citoyens devant la loi, de même aussi ils en acceptent l'autre grand principe, à savoir, la souveraineté nationale. « Le principe de toute souveraineté réside dans la nation ; nul corps, nul individu ne peut exercer d'autorité qui n'en dérive expressément. » (Art. 3). La nation ne partage cette souveraineté, ni avec l'Eglise, ni avec des castes privilégiées, ni avec une congrégation ou une société humaine quelle qu'elle soit, elle ne se prête à aucune combinaison ingénieuse inventée pour détruire la liberté au nom de la liberté. (*Applaudissements*). La société démocratique fondée sur le principe de la souveraineté nationale ne transige pas. Le peuple, voilà le souverain, il n'y en a pas d'autre. A lui donc et à lui seul de dire si, oui ou non, tel organisme scolaire peut ou ne peut pas être autorisé.

Voilà sur quoi nous nous sommes trouvés d'accord. Nous n'avons pas résolu et nous n'avions pas à résoudre toutes les conséquences qui pourront découler du principe, il nous suffisait d'affirmer le principe, et de déclarer qu'en cas de conflit, du moment que la liberté de conscience des individus est sauve — pour tout ce qui est d'organisation sociale, ce n'est pas à l'individu, ce n'est pas à la famille, ce n'est pas à l'Eglise, c'est à l'Etat que le dernier mot doit appartenir.

Voilà sur quel principe nous avons rédigé la fin du vœu qui vous a été lu. Vous n'avez certainement pas été étonnés de voir que dans l'énumération des conditions à exiger pour toute autorisation d'un établissement d'instruction, la première, la condition *sine quâ non* c'est la laïcité absolue du personnel. (*Applaudissements*).

La Ligue de l'Enseignement, j'en conviens, comme le disait M. le rapporteur général, va plus loin aujourd'hui qu'elle n'allait il y a quinze ou vingt ans, et ainsi le veut la force même du développement de la République. C'est notre honneur d'apprendre, de grandir, de devenir en République de plus en plus républicains. (*Très bien, très bien*). Oui, on accusera la Ligue, mais cela nous est égal et personne ne le croira, d'avoir fait œuvre de passion et d'esprit sectaire. La vérité est qu'elle a fait œuvre de réflexion comme le pays lui-même et qu'elle s'est laissé instruire par l'expérience. Comme le pays, elle sait enfin que la première, la plus élémentaire des conditions à requérir de ceux qui s'offrent à préparer les recrues à la société laïque, c'est d'être eux-mêmes des laïques. Vous cherchez les signes extérieurs auxquels on reconnaîtra les hommes particulièrement aptes à initier les autres à la vie civique et démocratique ordinaire et normale. Et vous voulez nous faire croire que le premier de ces signes, c'est qu'eux-mêmes se fassent gloire d'avoir à jamais renoncé à vivre de cette vie-là ! (*Applaudissements*).

Un jour viendra, qui n'est pas loin peut-être, où l'on aura de la peine à comprendre que la République en France ait hésité sur une pareille question au commencement du xxᵉ siècle. On s'étonnera que nous ayons été arrêtés un instant par l'un ou l'autre des deux sophismes qui se répètent si bruyamment : — retirer l'enseignement aux congrégations, c'est violer la liberté de conscience des congréganistes, d'une part; — c'est violer, de l'autre, celle du père de famille.

Dès que les mots auront repris leur sens, chacun fera — d'abord en ce qui concerne le père — cette simple réflexion.

La liberté de conscience n'est en jeu que le jour où l'État force un homme à faire ce que sa conscience lui défend ou l'empêche de faire ce qu'elle lui commande. Si l'État, c'est-à-dire la volonté nationale, juge à propos de supprimer les congrégations enseignantes, le père de famille qui avait recours à leurs services peut regretter leur disparition, estimer qu'il a perdu un instrument utile, commode, ou même précieux. Mais peut-il dire qu'on ait porté atteinte à sa conscience ? Depuis quand les chers frères et les bonnes sœurs sont-ils un rouage indispensable à sa vie religieuse et comme une partie intégrante de sa conscience propre ? Qu'il demande à l'État de lui garantir le libre exercice de son culte, de lui laisser toute facilité pour donner à ses enfants l'instruction religieuse de son choix. Voilà ce qu'il peut exiger au nom de sa conscience, mais non pas que cette instruction religieuse soit faite à l'école plutôt qu'à l'église, par des congréganistes plutôt que par les ministres du culte, dans telle ou telle condition répondant mieux à ses con-

venances personnelles. Ces convenances-là sont respectables sans
doute, mais d'une toute autre manière et à un tout autre degré
que la conscience dont seule la liberté est intangible.

Et — quant à la liberté de conscience des congréganistes eux-
mêmes, — le sophisme est encore plus gros.

De quoi vous plaignez-vous, pouvons-nous leur dire? Que l'Etat
vous gêne et vous contraire, c'est possible. Mais qu'il porte atteinte
à votre conscience, à votre liberté individuelle, voilà ce qu'il faudrait
établir.

Et d'abord, remarquez bien que si la loi vous interdisait absolu-
ment, sans réserve ni distinction quelconque, de vous constituer en
communautés monastiques, elle pourrait le faire sans que vous
ayez le droit de dire qu'elle attente à votre conscience. C'est une
question de savoir si la société civile peut autoriser ou même tolérer
qu'il se constitue à côté d'elle ou en dehors d'elle des associations
spécialement fondées sur la négation du mariage, de la famille, du
travail personnel et de la responsabilité individuelle. Elle les inter-
dirait purement et simplement comme une institution contraire
à l'ordre public, qu'elle ne ferait pas une énormité. La preuve
c'est que la suppression des congréganistes fut une des premières
mesures de la Révolution et que la loi de 1790 est toujours en vigueur.
La preuve encore, c'est que l'acte fondamental de la vie monastique
n'est plus reconnu, à l'heure qu'il est, par aucune législation comme
un contrat valable. Pour ne parler que de notre pays, la loi n'attache
aux vœux religieux aucune valeur légale, ils sont nuls de toute
nullité. La loi française ne connaît que des citoyens libres, et l'acte
même par lequel ils aliènent leur liberté ne les dispensent pas de
rester libres au regard de la loi.

Mais la société contemporaine pousse beaucoup plus loin le
scrupule. Dans son souci de ménager la liberté de conscience,
jusque dans ses aberrations, elle vous laisse, à vous qui prétendez
avoir besoin de cette vie à part, elle vous laisse toute facilité pour
suivre votre « vocation », elle ne vous empêche pas de faire votre
salut à votre gré, de prononcer les vœux les plus solennels et de
les tenir comme aussi de les rompre si bon vous semble.

Vous voulez renoncer au monde, à tout ou partie des droits et des
devoirs de la personne humaine. Soit, vous dit-elle, il vous plaît
d'aller vous enfermer dans un couvent, allez-y. Seulement vous n'y
enfermerez pas nos enfants avec vous (*Applaudissements répétés*).

Voilà ce que l'on appelle un attentat à la liberté de conscience.
C'est la prétention de l'Etat de laisser les adultes disposer librement
d'eux-mêmes, mais de ne pas leur permettre de disposer en
même temps des enfants de la nation. Ce qu'il leur refuse, ce n'est

pas la liberté, c'est une forme d'autorité qu'il juge abusive et dangereuse.

L'enfant est un enfant, c'est-à-dire l'être malléable par excellence : il ne s'instruit que grâce à cette faculté d'imitation et d'obéissance qui fait qu'il lui est impossible de résister à l'influence du milieu où il grandit. Une société civilisée ne peut donc considérer comme indifférentes les conditions où sera placée la masse de la jeunesse, puisque tout l'avenir de la nation en dépend.

Or que demandent les congrégations ? Le droit de placer la jeunesse dans un milieu artificiel et exceptionnel où tout est calculé pour exercer sur l'esprit, sur l'imagination, sur le cœur, la plus forte et la plus persistante pression intellectuelle et morale ; le droit de mettre des intelligences et des consciences non formées sous l'ascendant unique, exclusif, sans contrôle ni contrepoids de quelles personnes ? D'hommes ou de femmes qui, ayant renoncé à tout, n'ont plus qu'un intérêt dans la vie, le dévouement à leur ordre et à leur Eglise, la passion religieuse dans ce qu'elle a de plus noble, si vous voulez, mais aussi de plus ardent.

Et vous vous étonnez que nous demandions à l'Etat de ne plus fermer les yeux sur une telle organisation, de ne plus donner la sanction de la loi à des maisons où l'on prétend faire jaillir la vie laïque du sein de la vie monastique, de proclamer enfin, comme un principe de notre régime scolaire national, la séparation nécessaire de l'école et du couvent !

Le Congrès, sur ce point aussi, a été unanime. Il n'a pas voulu sortir de son domaine tout pédagogique en émettant des vœux, par exemple, sur l'existence des congrégations en général. Nous ne nous sommes occupés que des congrégations enseignantes. Nous ne voulons ni ne pouvons oublier le grand rôle qu'elles ont joué pendant des siècles, nous savons bien que trop longtemps la société, encore inconsciente de ses devoirs, leur a remis purement et simplement le soin de l'éducation de la jeunesse comme celui de l'assistance publique, des pauvres, des vieillards, des malades. Et tant qu'a duré cette sorte de substitution tacite, les congrégations ont agi au lieu et place de la société. Mais un jour est venu où l'Etat prenant conscience de sa responsabilité a fait de l'enseignement un service public comme il en faisait un autre de l'assistance. C'est là que nous en sommes. Et maintenant que ce devoir est reconnu, l'Etat ne peut plus s'y soustraire. S'il n'est pas indispensable que lui seul distribue tout l'enseignement de haut en bas, il est nécessaire que nul enseignement ne se donne à son insu et hors de sa surveillance. De toutes les formes de cette surveillance, la première qu'il ait à exercer, c'est de s'assurer que nulle part on ne mettra des enfants, même avec le consentement de leurs parents, dans des conditions de milieu, d'entourage, d'influences exclusives qui les condamnent d'avance à n'entendre jamais qu'une opinion, à ne voir jamais qu'une face des choses et à porter toute la vie l'empreinte d'une éducation qui les a soustraits au contact du monde. (*Adplaudissements*).

Évidemment, si ce vœu est accueilli par les pouvoirs publics, il y aura de grands changements dans les choses scolaires de ce pays, et tout d'abord, il est facile d'entrevoir qu'il ne restera plus rien de l'œuvre si savante, si habile, si merveilleusement conçue qui s'appelle la loi Falloux, il n'en restera plus rien, et tel est notre vœu le plus cher. (*Applaudissements unanimes*).

En demandant au Parlement l'abrogation de la loi Falloux, nous lui demandons simplement de défaire par une loi ce qu'une loi a faite. Nous n'avons pas la prétention de consommer par la loi la défaite de l'esprit clérical. La loi Falloux n'a pas inventé l'esprit clérical, il existait avant elle, il existera encore après son abrogation. Ce qu'a créé la loi Falloux, ce n'est pas la propagande individuelle catholique, ni la liberté individuelle pour les éducateurs catholiques, c'est tout autre chose : elle a organisé ce qui était décisif dans ce pays, un immense appareil d'enseignement collectif, savamment construit, mis en entier dans la main de l'Eglise, armé de pouvoirs légaux, doté de priviléges hypocritement dissimulés sous le nom de liberté de l'enseignement.

C'est cet outil merveilleux que la loi Falloux a mis entre les mains de l'Eglise que nous voulons lui retirer : rien de plus, rien de moins. C'est cette milice ecclésiastique, méthodiquement installée d'un bout à l'autre de la France et opérant avec plus de précision et plus de sûreté que n'importe quelle armée, que nous demandons aux Chambres de dissoudre immédiatement et cette fois définitivement.

Qu'ensuite bien d'autres tâches nous attendent, nous ne l'ignorons pas. Une parole d'une éloquence enflammée et vibrante nous le rappelai', les congrégations détruites, Rome inventera autre chose. L'esprit clérical ne sera pas tué du même coup et il essaiera de se forger sous de nouveaux noms, de nouvelles armes. Nous ne le nions pas. Mais nous ne voulons pas tout mêler et tout confondre. Nous le savons bien, que notre œuvre ne sera pas finie avec l'abrogation de la loi Falloux ; il restera à lutter contre l'esprit clérical sous tous ses noms et sous toutes ses formes, nous ne le nions pas. Mais, après avoir opposé à des lois cléricales des lois républicaines, à cette chose insaisissable qui s'appelle l'esprit clérical nous opposons une force contraire de même ordre : l'esprit laïque. Quand nous rencontrons un vaste plan d'asservissement des esprits paré du nom de liberté, nous commençons par lui arracher son masque,

nous demandons aux pouvoirs publics de le détruire de la même
manière qu'il a été construit par une loi organique de l'enseignement. Et, cela fait, nous restons face à face avec des adversaires
libres comme nous, agissant comme nous en simples citoyens,
à titre individuel. C'est alors pour tout de bon, la liberté pour tous
et sur ce terrain nous acceptons le combat. Nous ne demandons
pas à l'Etat de faire taire nos adversaires, nous espérons bien nous
en charger nous-mêmes par la libre discussion. Quand nous n'aurons
plus en face de nous que des idées, nous ne demandons à les
combattre que par des idées.

Ce n'est pas dans la Ligue de l'Enseignement que nous avons
besoin d'être rappelés au devoir de l'initiative individuelle, nous le
savons bien, les instituteurs si nombreux dans nos réunions nous
l'ont assez dit et mieux encore prouvé par leur exemple : on ne
fait rien, si l'on n'est pas décidé à payer de sa personne, et la seule
manière de répandre l'idée laïque, c'est de l'incarner en d'innom-
brables laïques militants.

C'est pourquoi nous avons applaudi un de nos collègues qui
nous a demandé d'adresser un appel à la fois et un avertissement
à la nation en faveur du corps enseignant laïque. Je dis mal, ce
n'est pas surtout à l'intérêt des instituteurs et des institutrices
qu'il pensait et que nous pensions. Ah ! sans doute, nous avons été
heureux de leur envoyer un hommage de sympathie et de frater-
nelle reconnaissance en saluant particulièrement ceux qui, en ce
moment, sont les pionniers de la civilisation en Bretagne ; mais
notre vœu vise bien plus haut. Le relèvement de situation maté-
rielle et morale que nous réclamons pour le personnel enseignant
laïque importe beaucoup moins, comme l'a bien dit M. Bordier, à
ce personnel lui-même, qu'à la République : elle se doit à elle-
même de mettre ses serviteurs au rang où elle veut qu'ils soient
dans l'estime publique. (*Applaudissements*).

Encore une fois, c'est donc bien une œuvre de liberté que nous
avons entendu faire, au sens loyal et authentique du mot, au sens
qui fut le sien jusqu'au jour où le cléricalisme imagina une liberté
d'enseignement destructive de tout enseignement de la liberté (*Vifs
applaudissements*), en d'autres termes, un habile système, non
d'éducation, mais de dressage pesant sur l'enfant de toutes les
forces combinées de l'Eglise et de la réaction.

Et ce n'est pas une liberté d'indifférence et de scepticisme, une
liberté neutre, tiède et incolore que nous recommandons. Avec la
neutralité ainsi entendue en un sens négatif et bas qui n'est pas
celui de la loi, nous ne ferions pas des citoyens, nous ferions des
neutres. (*Applaudissements répétés*.)

Faut-il essayer en terminant de prévenir les fausses interprétations qui vont dès demain défigurer notre œuvre et calomnier nos intentions ? En dépit de nos déclarations unanimes de respect pour la liberté individuelle et de la conscience, et de la pensée et de l'action et même de l'enseignement sous réserve du devoir de l'Etat de prévenir ou de réprimer les abus, en dépit de tout, les feuilles cléricales ne vont pas manquer de dire que nous demandons une doctrine d'Etat, une orthodoxie d'Etat, un catéchisme d'Etat, que nous voulons faire passer tous les Français sous un même joug. C'est justement le contraire qui est vrai. Nous ne voulons pas plus l'oppression d'Etat pour nos adversaires que pour nous-mêmes, nous sommes aux antipodes de la doctrine napoléonienne et de l'Université impériale avec son fameux catéchisme. Nous souhaitons si peu voir mesurer chichement la liberté de méthodes aux établissements auxiliaires qui peuvent se former à côté de ceux de l'Etat que, dans ceux de l'Etat même, notre grande préoccupation est de maintenir la liberté d'esprit et de la garantir aussi entière que possible aux professeurs. Pourquoi ? C'est qu'il n'y a pas d'éducation là où il n'y a pas un éducateur et que pour être un éducateur, il faut être un homme libre, une raison et une conscience qui s'appartienne. (*Applaudissements.*)

Nous sommes donc fidèles, — et j'ai la conviction, monsieur le Sous-Secrétaire d'Etat, que vous vous en convaincrez en parcourant les annales de la Ligue de l'Enseignement qui vous sont déjà familières, — nous sommes fidèles à la tradition de Jean Macé, ce libre-penseur qui fut toujours un penseur libre, en mettant au-dessus de toute atteinte les principes fondamentaux de la Déclaration des Droits de l'Homme, en ne demandant pour l'enseignement comme pour toute la vie nationale que la liberté avec son corollaire, la responsabilité, avec sa condition naturelle, la publicité permettant à l'Etat de remplir sa mission qui est d'empêcher qu'aucun groupe, qu'aucun homme ne parvienne à confisquer la liberté de ses semblables. (*Applaudissements.*)

Nous ne dévions pas de cette tradition de la Ligue en insistant sur la plus délicate, la plus frêle et la plus menacée de toutes ces libertés, celle de l'enfant. Elle a été livrée par l'Etat réactionnaire à la discrétion de l'Eglise. Elle sera remise par l'Etat républicain sous la protection de la nation. Quelques-uns d'entre nous pensent que tôt ou tard il faudra que l'Etat se charge à lui seul de tout ce service public. D'autres estiment qu'il aura d'utiles collaborateurs dans les libres concurrents laïques. Nous n'avons pas tranché la question, laissant à chacun ses préférences. Mais tous encore se sont retrouvés d'accord pour affirmer un principe important : tous les établissements que nous appelons auxiliaires, pour ne rien préjuger de l'organisation future, n'existeront que par une sorte de délégation du pouvoir enseignant qui fait partie de la souveraineté nationale. Par conséquent, plus d'enseignement à huis-clos, plus de maisons où les élèves disparaissent quand apparaît l'inspecteur, plus de prétentions à distribuer confidentiellement des enseignements qui ne s'écrivent pas. Vous êtes libres, mais au grand jour. L'État n'est pas le juge des doctrines, le tyran des professeurs, il n'est pas l'administrateur intervenant en tout et pour tout, mais il est celui qui doit tout savoir afin de prévenir et s'il y a lieu de réprimer. Une maison où l'on enseigne la jeunesse est par définition une maison où la nation doit pouvoir pénétrer et regarder à toute heure.

C'est en ce sens que — sans entrer dans aucun détail sur le mode et la forme de l'inspection, en évitant à dessein tous les mots techniques que pourra modifier le législateur futur — nous nous bornons à poser ce principe que les représentants de l'État doivent avoir l'accès de toute maison dans laquelle on fait de l'éducation. Qui osera s'opposer à cette revendication? Qui osera réclamer le droit pour qui que ce soit de tenir école à huis-clos et d'exercer longuement sur des enfants groupés et disciplinés, telle action intellectuelle ou morale qu'il lui plaira sans que le représentant de l'État puisse en rien savoir?

Et de même pour les livres : nous ne demandons pas que l'État en fasse la censure comme la trop fameuse commission de l'index, mais nous demandons que nul livre ne puisse être introduit à l'école sans son visa, en d'autres termes que l'État sache toujours ce qui se passe, et qu'il ne soit plus licite à aucun éducateur d'employer des instruments dont il ne soit pas prêt à répondre et d'user, dans l'ombre, de sa liberté pour étouffer celle des générations futures. (Applaudissements.)

Je vous demande mille fois pardon, Mesdames et Messieurs d'avoir si longuement insisté sur le travail du Congrès. Mais je disais en l'ouvrant que nous donnions une grande preuve de notre foi dans la puissance de la raison et de la liberté, en inaugurant une si large et si haute discussion sans autre garantie contre nos propres écarts que notre commune bonne volonté. J'ai tenu à vous faire voir que nous n'avions pas trop présumé de cette méthode hardie. Vous en voyez les résultats : à vous de les juger.

Ce Congrès, que la ville de Lyon a honoré d'un accueil si profondément cordial et sympathique — et nous en serons éternellement reconnaissants — ce Congrès, je l'espère, n'aura pas été inutile. N'eût-il fait que marquer, avec quelque témérité, diront les uns, avec quelque modération, diront les autres, un premier jalon dans la voie où il faut que la République avance, ce sera assez pour notre honneur et pour notre récompense d'avoir contribué à ce premier effort; sûrs que le lendemain fera mieux que la veille et que nous pourrons avec confiance laisser à d'autres le soin d'achever l'œuvre républicaine ébauchée par nous. (*Bravos répétés. Double salve d'applaudissements.*)

———————

Imp. Vve Brevet & Fils. — Corbeil.

www.ingramcontent.com/pod-product-compliance
Lightning Source LLC
Chambersburg PA
CBHW060204070426
42447CB00033B/2487